Pierre LOTI

de l'Académie française

L'Outrage

des Barbares

Pierre LOTI

de l'Académie française.

L'Outrage

des Barbares

jadis les tyrans Barbares. Les "riches", comme on les appelle
souvent sans bienveillance dans les classes plus humbles, les riches
mais ce sont précisément ceux là au contraire qui auraient eu
le moins à souffrir des tyrannies et rapacités du Monstre de Berlin,
les travailleurs pauvres se seraient affaissés plus vite encore sous les
terribles saignées allemandes.

Chers petits enfants de France, prenez le temps de la lire, cette
brochure, bien qu'elle soit infiniment moins attrayante que les
jolis livres qui vous seront donnés en même temps le jour de vos Distri-
butions de prix. Lisez la, car elle n'est pas une œuvre de haine, mais
de vérité et de justice. Que ceux d'entre vous qui ont eu le bonheur de
ne pas naître dans nos provinces envahies, que ceux qui ont même
été préservés de voir nos effroyables dévastations, en trouvent ici le
compte-rendu, que je viens d'écrire d'après nature, aux Armées, avec
un grand effort d'exactitude.

Chers petits enfants de France, je ne vous demande pas, quand le
sort des armes aura tout à fait tourné, d'aller vous venger, de l'autre côté du
Rhin, et de faire là-bas ce que je vous raconte qu'ils ont fait chez nous. Non
laissez cela aux officiers et aux soldats d'un Kaiser, — et du reste, n'est-ce pas,
vous n'en seriez heureusement point capables. Mais cependant n'oubliez
jamais Ces gens d'Allemagne, je vous assure, ne sont pas des hommes
dignes de fraterniser avec vous. Plus tard, quand ils tenteront de revenir
encore s'insinuer cauteleusement à notre foyer, fermez leur bien vos
portes Gardez-vous d'eux toujours, comme des loups et les vampires.
Et tachez que désormais notre bien aimée patrie, instruite enfin par
l'excès de ses malheurs, reste uniquement et plus que jamais française

Pierre Loti

Juillet 1917

UN LÂCHER DE GORILLES

« Nous n'avons à nous excuser de rien. Nous sommes
« moralement et intellectuellement supérieurs à tous, hors
« de pair. Nous ferons cette fois-ci table rase. »
(LASSON, professeur boche.)

Mai 1917.

Pendant des lieues, pendant des heures, traverser les dévastations que naguère encore aucune imagination française n'aurait su concevoir, et se dire qu'il ne reste que cela de nos belles provinces, sur lesquelles *leur* maître *les* avait lâchés !...

Faut-il qu'ils aient travaillé, les gorilles, travaillé avec une rage inlassable et un stupéfiant génie de la malfaisance pour avoir si vite obtenu ces vastes dévastations qui, à mesure qu'on avance, se déroulent toujours ! C'est tout un grand lambeau de notre pays qui a cessé d'exister. On voudrait s'évader de ce cauchemar ; à chaque minute, à chaque tournant des routes, on se dit, on espère : mais cela va finir ! Et non, cela ne finit pas, les ruines succèdent aux ruines ; villes, ponts sur les rivières, villages, humbles fermes isolées, tout est saccagé, émietté, pulvérisé ; les gorilles ont trouvé le temps de n'épargner rien !...

Or, il aurait suffi, pour s'y attendre un peu, de sonder l'âme de la Germanie, de jeter seulement les yeux sur son histoire. Avant cette guerre, si irréfutablement révélatrice, beaucoup de bonnes âmes chez nous entendaient par « *industrie allemande* » ces milliers d'usines, cette inondation de camelote et de « simili » qui, depuis quelques années, se déverse sur le monde. Mais il y avait une industrie bien plus allemande encore, bien plus foncièrement nationale : l'espionnage, la rapine, le viol et le meurtre. Lisons leurs penseurs, leurs grands (?) hommes : à chaque page, c'est l'apologie de cette industrie-là. Interrogeons leurs annales, depuis le début de notre ère : c'est de cette industrie-là qu'ils ont surtout vécu.

Quelques mois avant l'agression actuelle, si patiemment et diaboliquement préparée, un nommé von Bernhardi, à l'instigation du kaiser, entreprit d'avance de plaider les circonstances atténuantes des crimes prémédités par son maître : « C'est une « question d'humanité, osa-t-il écrire, de faire la guerre atroce, « pour qu'elle finisse plus vite. » Et dire qu'il s'est trouvé chez nous des gens pour prendre cela au sérieux et faire à ce Jocrisse l'honneur de le discuter !

Peu après, le Monstre de Berlin, croyant l'heure propice, ouvrit enfin les cages de sa ménagerie, et ce fut, sur la noble Belgique comme sur notre chère France, cette ruée de bêtes féroces que l'on sait. Cependant — stupeur — les Neutres ne bougeaient pas, et — stupeur plus grande — il s'en trouva même, à force de mensonges et d'argent, il s'en trouva de germanophiles !

Mais c'est aujourd'hui, au cours de leur *brillante* retraite, que l'horreur atteint vraiment son comble, c'est aujourd'hui le véritable *démasquage* de la Germanie, osant enfin tout à fait dévoiler au monde son visage de goule. Depuis Attila, l'Europe n'avait plus l'idée de mœurs pareilles : les populations civiles emmenées en esclavage ; la destruction, le vol, la tuerie, et jusqu'aux violations des sépultures de nos soldats, officiellement et minutieusement organisés par ordre des chefs.

Et cela, comment pourraient-ils le nier, puisqu'ils l'ont eux-mêmes conté en détails dans leurs propres journaux, se complaisant à glorifier toute la peine que leurs troupes avaient dû prendre, par ordre, au moment d'évacuer nos villes déjà martyres, afin de ne plus nous laisser derrière eux qu'un désert ? N'ont-ils pas eu la naïveté d'ajouter aussi que certains de leurs soldats — des simples évidemment, accessibles à quelque pitié — répugnaient trop à la basse besogne, et qu'il avait fallu de nobles exhortations de leurs supérieurs pour les y contraindre ! *(Sic.)*

* * *

« Faut-il que notre civilisation élève ses temples
« sur des montagnes de cadavres, sur des océans de
« larmes, sur des râles de mourants ? — Oui. »
(Feld-maréchal von HÆSELER.)

Maintenant que le printemps, impassible ou ironique, a ramené ici ses manteaux de verdure avec ses chants d'oiseaux, rien ne s'égaie dans nos ruines toutes fraîches qui, pour ainsi dire, saignent

« UNE DES ÉTRANGETÉS DE CES DÉSERTS IMPROVISÉS EN PLEINE FRANCE C'EST CETTE PROFUSION DE FILS DE FER QUI SERPENTENT PARTOUT. »   (p. 7.)

« DE PLUS PRÈS CELA SE RÉVÈLE LES RUINES PANTELANTES D'UNE VILLE. » (p. 8.)

« PAS UNE MAISON, PETITE OU GRANDE, QUI N'AIT ÉTÉ CREVÉE DU
HAUT EN BAS. LE MASSACRE EST PARTOUT PAREIL. ELLES MONTRENT
TOUTES LEUR INTÉRIEUR, LEURS ENTRAILLES DÉJA AUX TROIS QUARTS
ÉPANDUES. » (p. 11.)

encore ; au contraire, l'abomination de l'œuvre allemande n'en est que plus révoltante, et je crois qu'elles sont plus lugubres qu'en hiver, ces campagnes mortes d'où l'on vient tout juste de chasser les Barbares, mais où les habitants ne sont pas revenus et où le grondement lointain du canon se mêle seul aux petits trilles éperdus des rossignols. Un ciel de mai, immobile et doux, d'un gris rose de tourterelle, est tendu comme un voile d'une seule pièce au-dessus de mon long voyage de ce jour ; il fait paraître plus éclatant le vert des feuillées neuves et des interminables tapis d'herbe. Elle est trop touffue, cette herbe, recéleuse de loques et de débris sinistres ; il semble qu'elle recouvre plus que de raison ce sol des plaines, qui est partout profondément labouré en boyaux et en tranchées, qui est partout semé de fascines et de grandes ferrailles, avec çà et là des trous d'obus ou de monstrueux entonnoirs de marmites. De temps à autre, surgit un village qui n'a plus forme de rien ; les maisonnettes et l'église se sont effondrées les unes sur les autres, comme un château de cartes contre lequel on a soufflé. Il y a aussi des bois, ne nous montrant que des moignons d'arbres, tordus et fracassés, où des branchettes, épargnées par hasard, essaient tout de même de reverdir, de se mettre en fête, comme aux tranquilles printemps de jadis. A mesure que l'on approche de la région que les Barbares tiennent toujours, bien entendu l'horreur augmente, et le canon tonne plus fort, mais sans empêcher les oiseaux de chanter. Une des étrangetés de ces déserts, improvisés en pleine France, c'est cette profusion de réseaux en fils de fer barbelés qui serpentent partout ; leurs inextricables lignes, larges d'au moins 10 mètres, hérissées de piquants comme les chenilles de poils, se croisent, s'enlacent, pendant des kilomètres, à perte de vue, parmi les trop luxuriants herbages, attestant le prodigieux travail de légions d'araignées humaines... Pour enlever tout cela, pour combler toutes ces déchirures de la terre, combien d'années faudra-t-il ? Sans même parler de rebâtir villes et villages, combien en faudrat-il, d'années, pour ramasser tant de fer, pour emporter tant d'obus tombés comme grêle, et dont plusieurs, non encore éclatés, constitueront pendant longtemps une menace aux laboureurs ?

J'ai souvenir d'une rencontre, faite dans les ruines silencieuses d'un hameau, où beaucoup de giroflées jaunes avaient fleuri, imitant des dorures sur des pans de murailles, et où des lilas faisaient de magnifiques gerbes violettes, dans de vagues enclos

III

qui avaient été des jardinets. Deux vieilles femmes demeuraient
là encore, deux vieilles aux cheveux blancs, aux joues creuses,
aux yeux hagards, qui semblaient devenues folles. Parce qu'elles
n'étaient plus bonnes à rien, les Boches les avaient laissées, — et
qui dira ce qu'ont bien pu devenir leurs fils ou leurs filles, qui dira
quelles tortures d'attente, d'angoisse morale, de terreur physique
elles ont endurées, grelottant au fond de quelque cave, pendant
deux ou trois hivers, jusqu'au retour des Français ? C'est au
bord d'un puits qu'elles m'apparurent, un puits qui sans doute
avait, pendant des générations, fourni à leur famille la bonne eau
claire. Péniblement, avec une pauvre corde toute raboutié, elles
venaient d'en tirer un seau, et elles le flairaient avec méfiance :
« Ça pue encore », disait l'une. « Oui, oui, répondait l'autre, ça
pue. Jette, va, jette vite. » Ces petites phrases triviales, prononcées
avec une morne hébétude, étaient aussi poignantes à entendre
que n'importe quelles plaintes... On sait qu'en partant *ils* avaient
eu aussi la délikatesse d'empoisonner les eaux ; dans les poches
de leurs prisonniers ou de leurs morts, on a retrouvé du reste,
à ce sujet, les instructions précises de leurs officiers : « Le soldat
« un tel, aidé de son équipe, sera chargé des puits ; il y jettera
« en quantité suffisante : du poison, de la créosote, ou, à défaut,
« des pourritures. »

*　*　*

Maintenant, là-bas, tout là-bas, commencent de se dessiner des
milliers de pyramides rougeâtres, irrégulières, qui couvrent une
très vaste étendue.

De plus près, cela se révèle les ruines pantelantes d'une ville,
une ville *ouverte*, une grande et belle ville française qui, il y a
deux mois, vivait encore. L'œuvre des anthropoïdes civilisateurs
a été là tout à fait *hors de pair*. « Le soldat un tel, aidé de son
« équipe, portera le matériel incendiaire dans telles maisons...
« ou bien ira placer les explosifs dans telles caves, ou sous telle
« église, etc., etc. » disaient les irrécusables papiers de service
saisis dans leurs poches, — et l'exécution méthodique du crime
a été, en son ensemble, vraiment merveilleuse.

Entrer pour la première fois dans cette ville cause une poignante
et inoubliable impression d'angoisse, de révolte et de stupeur. On
a envie de crier et de maudire... Quel chef-d'œuvre de destruction

8

« IL Y A AUSSI QUELQUES VIEILLES FEMMES, CES VIEILLES FEMMES DES RUINES, LAISSÉES LA PAR LES BOCHES COMME CHOSES DE REBUT. » (p. 11.)

« HUMBLES PETITES INSTALLATIONS SOIGNÉES ET PROPRETTES, RÉALISÉES SANS DOUTE A FORCE D'ÉCONOMIES, ET DÉTRUITES EN UN JOUR. » (p. 12.)

« A LEUR RETOUR, CEUX DES EXILÉS QUI NE SERONT PAS MORTS EN ESCLAVAGE NE DOIVENT PLUS ESPÉRER TROUVER CHEZ EUX RIEN DE CE QU'ILS CHÉRISSAIENT. » (p. 12.)

« C'EST CE CHAOS QUI LES ATTEND. » (p. 12.)

enragée ! Nulle part certes, et à aucune époque de l'histoire, le monde n'avait connu rien d'approchant. Même l'une de nos malheureuses villes de l'Est, qui jusqu'à ce jour détenait le record du genre, n'offrait comme horreur rien de comparable. Et puis cela s'est fait d'un seul coup, cela s'est fait hier ; c'est, pour ainsi dire, une immense blessure où les chairs palpitent encore.

Les rues de la grande ville succèdent aux rues, les places succèdent aux places, et le massacre est partout pareil. Pas une maison, petite ou grande, qui n'ait été crevée du haut en bas ; elles montrent toutes leur intérieur, leurs entrailles déjà aux trois quarts épandues ; on dirait qu'elles ont toutes la tête coupée et le ventre ouvert. Les plus élevées et luxueuses, celles de quatre ou cinq étages, sont les plus invraisemblables ; leurs pans de murs déchiquetés, qui dans le lointain simulaient de capricieuses pyramides, sont par places restés debout jusqu'au faîte, en gardant leurs tentures à l'éclat tout neuf, quelquefois même leurs tableaux, leurs glaces. En l'air, il y a des fauteuils, des canapés encore frais, des lits qui pendent, qui surplombent, accrochés par un pied, et des vêtements de toutes sortes, vomis par les armoires ; des enseignes dorées dansent la sarabande de la mort, parmi ces monceaux de briques rouges qui représentent l'émiettement des façades. Quelques charpentes, quelques toits d'ardoises n'ont pas fini de tomber, et des murs qui ne tiennent plus en sont coiffés tout de travers, en casseurs ; pour provoquer de continuels éboulements, il suffit d'un peu de vent qui se lève, ou des vibrations d'un fourgon trop lourd qui passe.

Cependant il y a du monde, dans ces longues rues, dans tout ce grand décor d'enfer, du monde malgré les obus qui ne cessent encore de tomber. D'abord il y a des détachements de nos soldats couleur d'horizon, et il y a aussi quelques vieilles femmes, — toujours ces vieilles femmes des ruines, laissées là par les Boches comme choses de rebut, vieilles pauvresses ou vieilles bourgeoises, hâves, égarées, avec des regards de saintes ou de martyres. Et nos chers soldats bleus, qui étaient entrés ici il y a quelques jours avec de tels sursauts de fureur indignée, de tels élans de vengeance, se promènent à présent bien calmés, déjà prêts au pardon ; en voici même qui conduisent un groupe de prisonniers boches, et leur parlent presque en camarades... Dans notre France, nous sommes trop débonnaires !...

Je crois que c'est dans les quartiers modestes de la ville que le cœur se serre encore davantage : humbles petites installations soignées et proprettes, réalisées sans doute à force d'économies, et détruites en un jour, par l'ordre imbécile du Monstre de Berlin!... Oh ! pauvres, pauvres gens !... Entre tant de milliers de détails, le long de ces rues, il en est, je ne sais pourquoi, qui plus que d'autres vous poursuivent. Ainsi je me rappelle, au premier étage d'une maison, au-dessus de cassons informes, une image de première communion sous verre qui tient encore, intacte, à son clou, et regarde les passants par l'ouverture béante de la façade. Ailleurs, dans ce qui reste d'une chambre tapissée de papier bleu, une toute petite robe blanche à dentelles s'est accrochée à une poutre, les manches pendantes, comme la tête en bas : la belle robe de quelque gentille fillette d'ouvriers, pour ses promenades du dimanche... Et toujours, et toujours, on a beau s'éloigner, retourner, changer de direction, on ne change pas d'ambiance ; la destruction farouche n'a rien oublié. A leur retour, ceux des exilés qui ne seront pas morts en esclavage ne doivent plus espérer trouver chez eux rien de ce qu'ils chérissaient ; c'est ce chaos qui les attend, et il faut plutôt leur souhaiter de ne jamais revenir, de ne jamais revoir. Tout est irréparable ; avant même de songer à réédifier, il y aura urgence d'achever d'abattre.

Est-ce possible, tant de travail humain, qui représentait l'apport de quelques siècles, stupidement anéanti en deux ou trois jours ! Car c'est à peu près le temps qu'il a fallu pour parachever le crime, préparé à si grand renfort d'explosifs. Et les Alliés, qui arrivaient pour la délivrance, les Alliés, ici comme aux abords des autres villes dont nous avons chassé les Barbares, les Alliés obligés de regarder l'éhonté sacrilège, de voir tout flamber, d'entendre tout sauter et crouler, mais de trop loin encore pour intervenir !

Avoir fait cela, est-ce assez misérable ! Et puis, est-ce bête ! ! Outre que c'est immonde, est-ce assez marqué au sceau de cette lourde bêtise teutonne, qui déjà, au temps du grand (?) Frédéric, amusait tant Voltaire ! Car enfin, à quoi bon, en vue de quel profit ? Uniquement pour satisfaire un dépit rageur du kaiser, avoir affiché, gravé d'une façon indélébile, pour le monde entier, une si incurable sauvagerie !

« *Hors de pair* », oui, professor von Lasson, oh ! oui, en effet, les Boches sont hors de pair ; heureusement pour l'humanité, ils n'ont point leurs pareils !

Des Neutres, mon Dieu, dire qu'il y a encore des Neutres !...

AVRICOURT (Somme). — Le château.

« Après le pillage, la destruction des maisons, des châteaux et des
fermes a été effectuée par les explosifs, l'incendie ou la démolition
à la pioche ». (*J. O.*, p. 3059, col. II.)

MARGNY-AUX-CERISES (Oise). — Le bélier.

« A Margny-aux-Cerises, elle a été opérée en partie à l'aide d'un
puissant bélier ». (*J. O.*, p. 3059, col. III).

CHAUNY (Aisne). — L'Église Saint-Martin.

« Ils savaient d'une manière exacte quelle quantité d'explosifs leur était nécessaire pour exécuter leur œuvre infâme. Il ne subsiste de l'église Saint-Martin que des pans de mur ». (*J. O.*, p. 3059, col. III.)

MONT-RENAUD (Oise). — Cercueils violés.

« On se demande avec stupeur comment l'armée d'une nation qui se prétend civilisée a pu commettre de tels actes ; mais combien n'est-il pas plus déconcertant encore d'avoir à constater que ses soldats ont violé des tombeaux ! » (*J. O.*, p. 3059, col. II.)

Roye (Somme). — Matériel agricole saccagé.

Amy (Somme). — Matériel agricole saccagé.

« Çà et là, un certain nombre de ces machines avaient été entassées sur des foyers d'incendie. Les roues en fer étaient faussées, les pignons et les engrenages fracassés, les parties en bois rongées par le feu ». (*J. O.*, p. 3060, col. I.)

Arbre blessé.

La dernière flor

Champ de pommiers ravagé.

« Presq
rruitiers c
dans les j
tus,   pro
ou écorcé
faire péri

(J.

arbre mutilé.

Arbre blessé.

s arbres
pagne et
té abat-
entaillés
re à les

col. I.)

Arbres massacrés entre Noyon et Guiscard.

Flavy-le-Martel (Aisne). — La sucrerie.

Roye (Somme). — Sucrerie Lebaudy.

« Les Allemands se sont acharnés à faire disparaître les usines et à ravager les exploitations agricoles. C'est ainsi, par exemple, qu'à Roye, où la bataille n'avait causé que des dégâts réparables, ils ont incendié les sucreries et organisé la ruine systématique de toutes les industries ». (*J. O.*, p. 3059, col. III.)

NOYON (Oise). — La cathédrale.

« A Noyon, dans la cathédrale, le Commandement a fait enlever les cloches et les tuyaux du grand orgue ».

(*J. O.*, p. 3059. col. I.)

NOYON (Oise). — Les coffres-forts particuliers, à la banque Brière, ouverts à l'aide d'un chalumeau.

« Comme M. Brière s'étonnait qu'on lui prît jusqu'à ses archives, l'officier auquel il s'adressait et qui se disait délégué de la Trésorerie de Berlin, se borna à lui répondre : « On m'a donné l'ordre de vider les coffres, je vide les coffres. » (*J. O.*, p. 3059, col. I.)

« A chaque instant, nos infortunés concitoyens avaient à endurer de nouvelles restrictions à leurs droits et de nouvelles atteintes à leur dignité... injonction de saluer les officiers chapeau bas... le tout sanctionné par des peines d'emprisonnement et par des amendes auxquelles les plus légères infractions à d'innombrables règlements donnaient continuellement prétexte ».

(*J. O.*, p. 3058, col. III.)

COMMANDANTURE DE NOYON

Avis au public.

Il est rappelé à la population que, par **ordre supérieur,** tous les habitants du sexe masculin âgés de **12 ans** au moins, doivent saluer poliment, en se découvrant, tous les officiers de l'armée allemande, ainsi que les fonctionnaires ayant rang d'officier.

M. le Commandant de Place a constaté que, malgré ces prescriptions beaucoup d'hommes et principalement des jeunes gens, ne **saluent pas** ou ne le font que **d'une manière inconvenante.**

En conséquence, pour lui éviter tout ennui, la population est invitée à se conformer strictement aux ordres rappelés ci-dessus.

Noyon, le 12 mai 1916.

Le commandant de place.

L'ordre de la Commandanture allemande.

Avis au public.

Chez Gustave, rue St. Pierre et Bertrand Darton, rue d'Appilaincourt No 8 ont été punis de trois jours de prison, parce-qu'ils n'ont pas salué les officiers allemands en se découvrant.

Noyon, le 26 juillet 1915.

Le commandant de la place.

La sanction.

Mais c'est parce qu'ils n'y croient pas, parce qu'ils ne savent pas, c'est parce qu'ils n'ont pas vu !... Ah ! combien je voudrais amener ici quelques-uns de mes amis espagnols ! Certes les écailles omberaient enfin de devant leurs yeux !

Si je songe particulièrement à l'Espagne, à l'Espagne cependant si chevaleresque, c'est que je l'avais tant aimée, depuis vingt-cinq ans que j'habite à sa frontière... Nous nous passerons de son aide et, quand nous en aurons fini, je ne serai pas jaloux qu'elle ait sa part de délivrance. Mais j'aurais tant souhaité l'avoir aussi vue à nos côtés, à la peine et à l'honneur !

* * *

Après que j'ai longuement traversé la ville angoissante et ses faubourgs aussi infernalement saccagés que ses quartiers de quasi-opulence, j'arrive à une région où m'attendait, pour tableau final, le désastre des arbres. — « Tel soldat — disaient leurs instructions « abominables — tel soldat, avec son équipe, sera chargé de scier « les arbres fruitiers. » Donc, méthodiquement comme toujours, chacun s'en est acquitté. Dans une zone de plusieurs lieues, les grands poiriers, les magnifiques pommiers centenaires qui représentaient la richesse des paysans, s'arrangeaient en bordure de chaque côté des routes, ou bien en quinconces dans les vergers, — et les gorilles (sans négliger pour cela de faire sauter le moindre hameau), les gorilles ont trouvé le temps de les scier tous à un mètre du sol. Dès que la ramure de l'un chancelait et s'abattait, ils passaient à un autre, sans perdre leurs précieuses minutes à donner le coup de grâce, dans leur hâte de les atteindre tous ; c'est pourquoi beaucoup de ces belles cimes d'arbres, ainsi couchées, se rattachent encore au tronc par quelques lambeaux d'écorce qui leur ont fourni la sève pour refleurir une dernière fois, à leur dernier printemps. On dirait ainsi d'énormes bouquets blancs ou roses, déposés sur la terre. Cette sève évidemment va manquer bientôt ; les fleurs vont se faner sans donner leurs fruits ; mais c'est presque touchant, dans sa mélancolie, toutes ces pauvres floraisons suprêmes d'arbres vénérables qui vont mourir.

UNE DES VILLES
ACCOMMODÉES PAR EUX

« Notre gracieux Kaiser... »
(Maréchal HINDENBURG.)

20 juin 1917.

Après un si radieux printemps, c'est un été presque méridional qui, dans tout le Nord de la France, inonde de belle lumière les désolations de nos provinces libérées. Les froids d'un hiver beaucoup plus glacé que de coutume avaient longuement arrêté toutes les sèves, qui s'étaient amassées avant de jaillir et qui tout à coup ont donné aux arbres, aux herbages, aux fleurs, une exubérance exceptionnelle. Le long des routes où mon auto devra courir aujourd'hui pendant plusieurs heures, les bois que les obus n'ont pas trop saccagés, les prairies, qui étaient autrefois des champs et sont redevenues des pampas, étalent un luxe de verdure pour ainsi dire paradisiaque ; les ruines solitaires des villages sont tout enguirlandées de chèvrefeuilles et de roses. Et les oiseaux, bien entendu, font des concerts délirants, dans l'épaisseur de ces beaux feuillages de juin.

Sur mon chemin je rencontre des équipes de prisonniers boches, qui réparent nonchalamment les trous de « marmite » et les ornières ; ayant chacun un gros numéro peint au milieu du dos, ils portent des pantalons vert chou, et des vestes aux basques ridicules. Les uns sont vieux et voûtés, avec des lunettes et d'affreuses barbes en filasse décolorée. Les autres sont très jeunes, garçons dégingandés, qui ont dû grandir depuis la guerre et dont les énormes mains d'assassin dépassent trop les manches étriquées; plusieurs doivent être des fils de bourgeois et, pour faire les cantonniers, ils ont gardé leur lorgnon et leur casquette d'étudiant. Presque tous ont du reste cette laideur agressive que l'on connaît et qui est celle de la « race suprême ». Leur salut militaire, malgré

« CE SONT MAINTENANT NOS BONS TERRITORIAUX, AUX REGARDS TELLEMENT PLUS HONNÊTES, QUI SONT LA COURBÉS SOUS LE BRULANT SOLEIL, ET TRAVAILLANT AVEC COURAGE. » (p. 25.)

« DANS LA ZONE OU JE VIENS D'ENTRER, LES ARBRES SÉCULAIRES, QUI BORDAIENT LES ROUTES AVEC TANT DE MAGNIFICENCE, ONT ÉTÉ SCIÉS PAR LES BARBARES A UN MÈTRE DU SOL, ET LEURS TRONCS SEMBLENT A PRÉSENT DE MASSIVES TABLES RONDES ALIGNÉES LE LONG DE LA ROUTE. » (p. 25.)

« DE TEMPS A AUTRE, SE PROFILENT EN AVANT DE MOI SUR LE CIEL DES AMAS DE GRANDES FORMES ÉTRANGES D'OU POINTENT EN TOUS SENS DES BOUTS DE TUYAUX, DES PISTONS, DES CORNUES. » (p. 26.)

« L'ENSEMBLE N'EST QU'UN IMMENSE ET INFORME TUMULUS DE BRIQUES ROUGES. » (p. 26.)

24

ma répulsion il me faut cependant le leur rendre, mais cela me coûte un pénible effort.

Après des plaines incultes, à l'abandon depuis trois ans, j'arrive dans une région où des blés magnifiques, égayés de bleuets et de coquelicots, mûrissent à ce soleil d'été : c'est *eux* qui les avaient semés, eux les barbares, dans l'espoir de s'en faire du pain ; mais ils sont partis, et c'est nous qui les récolterons. A part ces moissons, à eux destinées, qu'ils n'ont pas eu le temps de détruire, ils ont naturellement tout saccagé, même quand il n'y avait aucune excuse militaire ; plus un village, plus une église, plus un hameau qui ne soit soigneusement et odieusement détruit.

Ah ! fini tout à coup de voir les mauvaises figures des Boches en culotte verte ! C'est que me voici tout près du front, et leurs précieuses existences ne pourraient être risquées ici, à portée des obus de leurs congénères. Ce sont maintenant nos bons territoriaux, aux regards tellement plus honnêtes, qui sont là, courbés sous le brûlant soleil et travaillant avec courage à rendre praticables ces routes, si nécessaires pour nos convois de soldats et de ravitaillement.

A mesure que j'avance, les dévastations s'aggravent autour de moi, et j'entends en crescendo, comme un orage qui se rapprocherait, la musique de la mort, le bruit caverneux de la grosse artillerie, qui par ici, ne cessant ni nuit ni jour, est devenu pour ainsi dire une forme spéciale du silence.

Pendant des lieues, mon auto avait couru à l'ombre ; mais, dans la zone où je viens d'entrer, les arbres séculaires, qui bordaient les routes avec tant de magnificence, ont été sciés par les Barbares à un mètre du sol, et leurs troncs semblent à présent de massives tables rondes, alignées le long de la route. Les canaux que je rencontre, les rivières, sont de vrais cimetières de bateaux ; ces péniches innombrables, dont les flottilles assuraient les communications et le commerce, ont été anéanties à la dynamite ; les unes ont piqué au fond de l'eau et ne montrent plus qu'un reste de leur poupe; les autres au contraire dressent leur avant comme si elles s'étaient cabrées avant de mourir. Je franchis ces rivières sur des passerelles, hâtivement improvisées par le Génie, car les Barbares, bien entendu, ont fait sauter tous les ponts, et les berges qui les soutenaient sont bouleversées comme par un cataclysme.

De temps à autre, se profilent en avant de moi sur le ciel des amas de grandes formes étranges, qui de loin feraient songer à des cadavres de monstres entassés pêle-mêle, mais d'où pointent en tous sens des bouts de tuyaux, des pistons, des cornues ; de près, on reconnaît que c'étaient des usines — nos riches sucreries du Nord — pour lesquelles le travail de destruction a été particulièrement soigné ; les murailles de briques gisent en miettes par terre, mais la machinerie, les chaudières, les cylindres, n'ayant pu être pulvérisés, on s'est contenté de les rendre inutilisablés et de les brouiller en un stupéfiant chaos, qui tient du macabre et du grotesque.

Une église isolée passe à son tour ; il n'en reste plus debout que le mur du fond avec le tabernacle et, à côté d'une vierge qui n'a plus de tête, un vase doré conserve encore son bouquet de lys artificiels.

Un orage, un vrai, pas celui de l'artillerie, commence de gronder lui aussi dans l'air, et le ciel se couvre de nuages tragiques... Vite, toujours vite, j'arrive en vue de la ville où j'ai affaire, et qui vraiment ne ressemble plus à rien de connu. A l'entrée, s'élèvent d'étonnants dépôts de ferraille, résultat d'un premier déblayage opéré par nos soldats, et il y a de tout dans ces petites montagnes de débris ; on y reconnaît des poêles, des ustensiles de ménage, des pièces de fonte tombées des charpentes et quantité de lits en fer, tout tordus, il va sans dire, parmi lesquels beaucoup de lits d'enfant... Où donc sont-ils, les pauvres petits qui dormaient là ?...

Dans la ville même, les travailleurs du « *gracieux Kaiser* » ont vraiment atteint l'idéal de la destruction. Ce n'est pas exagéré, c'est la stricte vérité de dire qu'il ne reste plus un monument, plus une maison, rien qui n'ait été rasé à un mètre de terre ; l'ensemble n'est qu'un immense et informe tumulus de briques rouges, par-dessus lequel les arbres fruitiers, les arbustes au tronc scié, gisent et se dessèchent.

Un officier, auprès duquel je m'arrête un instant, me parle d'un tout petit détail, oh ! bien négligeable certes, mais presque touchant quand même : il me conte le retour des hirondelles. On sait leur fidélité aux demeures qu'elles avaient choisies, et, quand elles sont revenues cette fois, les pauvres petites, ne plus rien retrouver, ne plus rien reconnaître, les a affolées ; elles tourbillonnaient toutes, en jetant ce cri spécial qui est leur cri d'alarme, après quoi, en déroute, elles sont reparties.

Nos soldats, dans les rues enfouies sous les décombres, travaillent

« JE VEUX QUE, DANS CINQUANTE ANS, ON SE RAPPELLE ENCORE
AVEC TERREUR VOTRE PASSAGE. » (p. 30.)

Holnon, le 20. juillet 1915.

Tous les ouvriers et les femmes et les enfants de
13 ans sont obligés de faire travaux des champs
tous les jours, aussi dimanche de quatre heure
du matin jusque 8 heure du soir (temps français).
Récréation: une demi heure au matin, une heure
à midi et une demi heure après midi.
La contravention sera puni à la manière suivante.
1) Les fainéants ouvriers seront combinés pendant
la récolte en compagnies des ouvriers dans une
caserne sous inspection des corporaux allemands.
Après la récolte les fainéants seront emprison-
nés 6 mois; le troisième jour la nourriture
sera seulement d'a pain et de l'eau.
2) Les femmes fainéantes seront exilés à Holnon
pour travailler.
Après la récolte les femmes seront emprisonnées
6 mois
3) Les enfants fainéants seront punis de coups de
bâton.
De plus le Commandant réserve de punir les
fainéants ouvriers de 20 coups de bâton de tous
les jours
Les ouvriers de la commune Vendelles sont punis
sévèrement.

Affiché!

Le Commandant

à déblayer, pour le passage de nos troupes et de nos camions.
Rien n'a plus forme de rien, nulle part ; cependant, sur tel mon-
ceau qui était, paraît-il, la principale église, les Barbares, pour
que nul n'en ignorât, ont eu la délicatesse de planter la croix en
fer qui surmontait le clocher !... Il n'y a pas de mots pour rendre
l'horreur de tout cela, qui est d'une invraisemblance et d'une
insanité de cauchemar, pas de mots pour dire l'indignation furieuse
qui vous monte au cœur, le dégoût, la rage et le besoin de vengeance !... De propos délibéré, sans provocation aucune, toute
cette basse humanité prussienne est venue faire ça chez nous !
Et ces ruines encore ne sont rien ; non ; le plus irréparable de
son œuvre, c'est, dans la terre de tant et tant de cimetières nou-
veaux, ces amas de cadavres qui débordent. Oh ! bien basse
et hors la loi, cette humanité-là, qui, sur un signe de son maître,
est arrivée avec sa mitraille trop savante, ses ignobles liquides
enflammés et ses immondes gaz de mort, pour faucher en masse
nos fils, nos frères, toute notre belle jeunesse de France ! Or, si
on la laisse reprendre le souffle prêt à lui manquer, on sait qu'elle
recommencera demain, qu'elle fera même pire, car elle a la tuerie
dans l'âme, comme d'autres y ont l'honneur... Et songer qu'il y
a des Français, ou des soi-disant tels, pour vouloir que l'on tende
à ces Boches une main amicale, et qu'on en finisse, en les laissant
garder ce qu'ils ont de pris et s'en aller, impunis de tant d'insultes
et de tant de crimes ! Songer qu'il y a des journaux à Paris où
depuis quelque temps on ose écrire : « C'est regrettable certes,
mais c'est la guerre. La guerre est toujours comme ça, vous savez,
et chacun en ferait autant. » — Oh ! monstrueux blasphème !
Nous a-t-on jamais vus, nous, malgré les excès inséparables,
hélas ! des batailles, nous a-t-on jamais vus faire rien d'approchant ! Pour juger les différences profondes de nos races, il aurait
suffi d'aller à Pékin, il y a une quinzaine d'années, quand toute
l'Europe avait prétendu y promener — bien lamentablement, je
le reconnais — le *flambeau de la civilisation*. En conquérants,
nous avions divisé la Ville Céleste et les provinces alentour en
secteurs dévolus chacun à l'une des nations alliées. Or, dans le
secteur français, la paix régnait, les Chinois menaient tranquille-
ment leur vie normale ; nos soldats les aidaient même à leurs
travaux de culture et recueillaient leurs petits orphelins aban-
donnés. Dans le secteur allemand, au contraire, c'était toujours,
même après la bataille, la destruction, l'incendie et le meurtre.

Du reste, la brutalité du ministre d'Allemagne avait été la cause première de tout. Et *lui*, toujours lui, lui qui mène aujourd'hui la boucherie mondiale, leur « gracieux Kaiser » avait dit officiellement à ses soldats : « Faites comme les Huns ; je veux que, dans cinquante ans, on se rappelle encore avec terreur votre passage. »

Là-haut, dans le ciel orageux, se trémoussent deux ou trois de ces vilaines choses noirâtres qu'on appelle des « *saucisses* », mais qui ressembleraient bien plutôt à d'énormes poissons soufflés ou à des espèces de cachalots aériens. Or, nous savons qu'il y a là dedans des Boches à longue vue qui sans cesse nous mouchardent par télégraphie sans fil, pour appeler les obus sur tout convoi militaire qui oserait cheminer en plein jour, sur tout rassemblement qui tenterait de se former.

Cependant ils sont très nombreux, nos soldats bleus, dans cette ville qui est un cantonnement d'importance et qui est le lieu où ils viennent « *au repos* », pour se remettre tout de même un peu de la vie plus dure des tranchées proches. A la grâce de Dieu, ils vont et viennent, s'empressent à mille travaux, sous la protection parfois illusoire de quelques « *camouflages* » qui les dissimulent. Bien plus malheureux, les pauvres, que ceux qui cantonnent dans des villes incomplètement saccagées, où restent encore des semblants de maisons, où des habitants ont eu l'héroïsme de vouloir demeurer malgré les averses d'obus ; dans ces villes-là au moins, ils verraient encore quelques visages de femmes, et des visages de petits enfants, très doux à regarder pour ceux qui sont pères de famille. Tandis qu'ici, rien ; ils se regardent entre eux et regardent les caves obscures où il leur faut trop souvent descendre s'abriter contre la mort.

Venez donc un peu leur faire visite, et contempler leur sérénité sublime, vous Parisiennes et Parisiens trop élégants et trop futiles, qui vous plaignez que la guerre s'éternise. Oh ! vous êtes patriotes, je le sais bien, mais, si vos sentiments risquaient un jour de se lasser ou de s'émousser, venez donc un peu vous retremper ici ! Ou tout au moins, quand ces soldats du front viennent en permission dans votre Paris, défiez-vous, comme d'une faute infiniment grave, de les révolter par des airs de joie et de bien-être. La patrie est en danger, vous savez, et la mort est à vos portes... Si les Allemands ont commis une de leurs lourdes bêtises en envoyant

sur Londres des avions pour assassiner des petits enfants, au
moins ont-ils été plus habiles en n'envoyant à Paris que des
agents de corruption, de sinistres discoureurs...

Et vous, les Neutres, qui ne rougissez pas de laisser commettre
tant d'abominations, destinées d'ailleurs à retomber sur vous
plus tard, venez donc vous promener par ici, au milieu de nos
ruines, — que vous ne vous représentez pas aussi effroyables,
je veux le croire, car c'est là votre meilleure excuse.

Aux Américains, je n'ai plus besoin de dire : venez, — car voici,
ils sont magnifiquement en route, ils arrivent avec de l'or, des
soldats, des explosifs, au secours de la civilisation et de la liberté.
Ils sont beaucoup plus admirables que ne l'auraient été les derniers
Neutres de l'Europe qui se seraient enfin décidés à marcher avec
nous, car eux n'étaient encore que presque lointainement menacés,
l'océan les préservait, sans doute au moins pour un temps, contre
les tentacules de la grande pieuvre allemande, et, s'ils se sont
levés, c'est dans un élan superbe d'indignation, dans un pur
sentiment de solidarité et de justice. Quand j'étais allé dans leur
pays dernièrement, mon âme d'Oriental s'était un peu effarée de
leur modernisme, de leur fièvre de spéculation et de progrès ;
peut-être n'avais-je pas su voir, ni dire, qu'ils étaient capables
d'un tel idéalisme et d'un tel désintéressement. Qu'ils veuillent
bien me pardonner et qu'ils m'accordent la joie d'être ici un humble
interprète de nos plus profondes et sympathiques admirations.

Table des Matières